UM GUIA PARA AQUELES QUE BUSCAM OS CONCEITOS E TERMOS BÁSICOS QUE DEFINEM ESTE MODO PRÁTICO DE VIDA ESPIRITUAL.

I0143454

Como Explicar a

Ciência da

Mente

DENNIS MERRITT JONES, D.D.
autor de A ARTE DE SER

Dennis Merritt Jones, DD

Como Explicar a Ciência da Mente

Traduzido por Sandra Santos Oliveira

Copyright © 2013 de Science of Mind Publishing
Publicado por Science of Mind Publishing
573 Park Point Drive
Golden, CO 80401

ISBN-13: 978-0-911336-77-1
ISBN-10: 091133677X

***Como Explicar a Ciência da Mente** – Tradução em português de **How to Speak Science of Mind** de Dennis Merritt Jones, © 2010 Dennis Merritt Jones, DeVorss & Company, Camarillo, CA 93011 – USA.*

Publicado com a permissão DeVorss & Company
www.devorss.com

Dedicatória

"Dennis Merritt Jones tem uma maneira de fazer com que as idéias complexas das Realidades Espirituais sejam compreensíveis e acessíveis, o que, em minha opinião, é o que todos precisamos agora. **Como Explicar a Ciência da Mente** *é uma obra magistral."*
DR. KATHIANNE LEWIS, Centro de Vida Espiritual, Seattle, WA.

"Um dos professores de Ciência da Mente mais famosos do mundo, Dennis Merritt Jones re-enquadrou um livro de sabedoria em **Como Explicar a Ciência da Mente**... *imprescindível para qualquer alma que busca a auto-capacitação e o auto-conhecimento."*
HARRY MORGAN MOSES, D.D. Centro de Vida Espiritual, Burbank, CA.

"A Verdade é eterna, mas as condições e padrões de comunicação evolvem constantemente. Dennis Merritt Jones esclarece e destaca os elementos essenciais da filosofia da Ciência da Mente neste manual acessível e abrangente ... uma verdadeira jóia."
REV. CHRISTIAN SORENSEN, D.D., Centro de Vida Espiritual, Seaside, CA.

"Este livro excepcional é imprescindível para todo mundo no Novo Pensamento... Na realidade, eu considero este um dos melhores livros de seu tipo na história do Novo Pensamento. Espalhe a notícia. Use-o em todas as suas aulas. Ele é bom demais para se perder!"
DR. JAY SCOTT NEALE, Centro de Vida Espiritual, Fremont, CA.

"... Uma ferramenta valiosa de informações e clareza para todos os nossos convidados, seguidores e alunos. Eu estou animado com o conteúdo revisado, que reflete a mudança de consciência e o nascimento de uma idéia maior ainda para o Novo Pensamento."
REV. PATRICK CAMERON, Centro de Vida Espiritual, Edmonton, Alberta, Canadá.

O PROPÓSITO DESTE LIVRO

O mundo está cansado de mistérios, não entende de símbolos e anseia pela Realidade. O que é a Realidade? Onde pode ser encontrada? Como pode ser usada? Estas são perguntas para as quais gostaríamos de obter respostas.

DR. ERNEST HOLMES

A Ciência da Mente (Compêndio)

Este livro foi criado para assistir àquele que está a caminho da auto-descoberta, revelando-lhe a resposta às perguntas acima.

O QUE É A CIÊNCIA DA MENTE?

A Ciência da Mente é um ensino espiritual e um modo de vida baseado nas inspirações de Dr. Ernest Holmes e seu livro, A Ciência da Mente. A Ciência da Mente existe para facilitar a cada indivíduo o redespertar da conscientização de seu Eu maior, permitindo a todo aquele que deseje descobrir e conhecer a total Unidade da Vida Universal, que assim o faça. Apesar de às vezes sermos confundidos com Cientologia ou Ciência Cristã por causa da semelhança de nomes, não somos nem uma, nem outra. Os ensinamentos oferecidos na Ciência da Mente não se opõem a nenhuma crença ou filosofia religiosa. Ao contrário, eles buscam trazer à luz o fio de Verdade que existe em todos os ensinamentos espirituais.

Ernest Holmes (1887-1960) fundou a organização Ciência Religiosa original, que ensinou e apoiou a filosofia da Ciência da Mente dentro do movimento de Novo Pensamento. Escolarizado em Ciência Cristã, ele mudou-se para Los Angeles em 1912. Holmes publicou seu primeiro livro, Mente Criativa em 1919, seguido por A Ciência da Mente em 1926. Holmes teve uma enorme influência no movimento do Novo Pensamento.

A Ciência da Mente reconhece que toda pessoa está a caminho da sua própria realização e deve ser guiada por sua própria voz interior. Nós oferecemos métodos práticos e definitivos com os quais cada indivíduo pode criar mudanças positivas de vida.

O QUE É A CIÊNCIA DA MENTE?

Entre os benefícios dos ensinamentos da Ciência da Mente está a oração afirmativa ou cura mental espiritual, a que nos referimos também como Tratamento Espiritual da Mente.

Em suma, a Ciência da Mente oferece cura, entendimento espiritual e uma oportunidade de experimentar mais amor, mais alegria e uma expressão de vida maior. Nas palavras do Dr. Ernest Holmes, "Existe um poder para o bem no universo, maior que você e você pode usá-lo!"

> *A Verdade Divina Nunca Precisa Ser Vendida,*
> *Somente Declarada!*

LISTADAS NAS PÁGINAS SEGUINTES encontram-se palavras usadas com maior freqüência quando discutimos o que acreditamos com aqueles que possam ter uma crença espiritual diferente da nossa.

As definições dessas palavras são oferecidas como ferramentas para ajudar a explicar melhor a Ciência da Mente e ampliar nossa habilidade de comunicar-nos melhor com os outros. A comunicação é a chave de todos os relacionamentos. Nossa meta em discutir nossas crenças com outros não é converter, nem 'salvar' ninguém, nem tentar provar que um está 'certo' e o outro 'errado'. Nossa meta é informar e educar. A Inteligência Infinita que existe dentro de todas as pessoas saberá se os ensinamentos da Ciência da Mente servem para cada pessoa em particular.

Dennis Merritt Jones, DD

Índice

Como Explicar a Ciência da Mente

Como Explicar a Ciência da Mente

Dennis Merritt Jones, DD

ABENÇOAR

O que quer dizer abençoar?

Na Ciência da Mente, abençoar alguém ou algo é conferir e confirmar nossa conscientização da Presença de Deus naquilo que abençoamos.

A prática de abençoarmos nossa comida é benéfica porque isso nos faz lembrar da Fonte de onde ela vem e nossos corpos recebem o benefício daquela benção. Abençoar nossos relacionamentos significa lembrar que toda pessoa é um Ser sagrado e como tal deve ser tratada. Abençoar nosso trabalho é lembrar da presença de Deus no centro de toda transação. Abençoar nosso mundo é confirmar nossa crença em que a Presença Infinita está trabalhando dentro e através de todas as pessoas e todos os eventos para o melhor e mais alto bem de todos os envolvidos.

Lembrar de abençoar nossas vidas e as vidas dos outros todos os dias transformará a nós, aos outros e a nosso mundo.

ABSOLUTO

O Absoluto é outro nome de Deus?

Sim, Absoluto é um outro nome de Deus. A verdade é que Deus é tudo o que existe. Como ser absoluto, Deus é infinito, perfeito, ilimitado e incondicional, auto-existente e totalmente auto-suficiente. Pode-se dizer que no princípio só existia Deus... e agora ainda só existe Deus.

[ver Realidade]

ABUNDÂNCIA

Existe diferença entre Abundância e Prosperidade?

Vivemos num universo prolífico e abundante. Basta olharmos para o céu ou para a natureza para ver a demonstração de abundância como um princípio universal. O universo está se expandindo à velocidade da luz e existem centenas de milhões de estrelas e galáxias. A mensagem que Deus está nos mandando é que existe mais do que o suficiente.

Abundância é o princípio de "mais que suficiente" e prosperidade é a nossa demonstração daquele princípio em ação. Na "Ciência da Mente", Ernest Holmes declara, "A prosperidade é o retrato externo da substância em nossos negócios... devemos receber, usar e extender esse presente." Não existe escassez de bem algum no universo mas parece haver uma falta de compreensão sobre como acessar esse bem e mantê-lo fluindo.

Podemos ser prósperos de muitos modos diferentes, demonstrando uma abundância de saúde física, relacionamentos saudáveis, dinheiro, tempo e por aí adiante. Desenvolver uma consciência de abundância irá abrir as comportas de nosso bem. Essa consciência é baseada no entendimento de nossa unidade com Deus, a Fonte e o Suprimento de tudo o que existe.

[ver Dinheiro e Energia]

AÇÃO CORRETA

O que é Ação Correta e como ela funciona?

Na Ciência da Mente, *Ernest Holmes afirma: "Quando tratamos para a ação correta, devemos começar com a suposição de que a ação correta já é ".*

Em metafísica, ação correta não está se referindo a um código de comportamento ou conduta correta, como o que pode ser encontrado no Nobre Caminho Óctuplo do Buda. A ação correta é a manifestação normal do universo à medida que evolui no sentido mais elevado e final. Quando nos alinhamos com o princípio de ação correta, encontramos a paz interior de saber que existe uma Inteligência Infinita trabalhando no universo que sabe o que está fazendo.

Nós não oramos para a ação correta acontecer porque ela já está acontecenco. Em vez disso, podemos orar para saber e aceitar que a ação correta está sempre se desdobrando, mesmo quando as circunstâncias possam parecer o contrário.

AFIRMAÇÃO

A que propósito servem as afirmações?

Na Ciência da Mente, *Ernest Holmes declara que "Afirmar algo é declarar que esse algo existe e mantê-lo como verdade, mesmo perante toda a evidência do contrário". Na prática do Tratamento Espiritual da Mente, também conhecido como Oração Afirmativa, afirmações são usadas para construir uma consciência de receptividade e de expectativa do bem.*

Quando usamos afirmações positivas como, "A saúde perfeita e vitalidade de Deus fluem através do meu ser inteiro", estamos declarando um fato que sabemos ser verdade, mesmo se as aparências contrárias não sustentem nossa afirmação. Sabemos que é a verdade porque sabemos que somos um com Deus. Fazer afirmações é uma boa prática; entretanto, é importante que também incorporemos o sentimento atrás das palavras que usamos.

[ver Tratamento e Incorporar]

ALMA

Cremos que temos alma?

Cremos que só existe uma Alma, a Alma do Universo. Nossa alma individual é simplesmente aquele ponto dentro de nós onde o Universo (ou Deus) é personalizado.

Cremos que a alma é o nosso meio criativo e portanto está sujeita ao nosso pensamento consciente. A alma recebe a impressão das nossas mais profundas crenças e age para fazer com que elas se manifestem em nossa experiência.

Em outras palavras, alma é aquela parte perfeita de nosso ser que nos aceita e aceita nossas ações, não julgando-nos nunca como certos ou errados, sempre pronta a nos assistir em alcançar qualquer coisa que escolhermos fazer, quando cremos que podemos fazê-lo.

A alma foi chamada de "espelho da mente" porque reflete as formas de pensamento que lhe damos. O mais importante a lembrar é que nós escolhemos os pensamentos que a nossa alma reflete. [ver Lei]

AMOR

Deus é a essência do amor?

"Aquele que não ama não conhece a Deus; pois Deus é Amor". (1 João 4:8) Na Ciência da Mente *Ernest Holmes declara, "O Amor é a auto-doação do Espírito, através do desejo da Vida de expressar-se em termos de criação... O Amor é uma força cósmica cujo alcance é irresistível."*

O Amor é a vibração mais alta do Universo; nada pode resistir ao seu abraço. O oposto do amor é o medo. Na luz e vibração do amor, a obscuridade do medo não pode existir. Conhecer a presença de Deus é experimentar amor incondicional. Ver a presença de Deus nos outros é amar-lhes. O amor incondicional é sempre a resposta.

ATENÇÃO ABSOLUTA

O que é a atenção absoluta e como ela afeta a minha vida diária?

A atenção absoluta é a prática de estar conscientemente alerta no momento presente, não obstante o que estejamos fazendo. A atenção absoluta lembra-nos de ser um com a atividade na qual estamos envolvidos. Quando espiritualizamos a atenção absoluta isto significa estar presente no momento, lembrando que a presença de Deus está lá também.

A atenção absoluta pode transformar nossas vidas tanto de maneiras sutis, como profundas. Quando vivemos em atenção absoluta, conectados à presença do Divino, tudo o que fazemos se torna um ato sagrado. Tudo o que comemos se torna uma benção para os nossos corpos e todo relacionamento que temos nos oferece a oportunidade de ver o rosto de Deus.

A atenção absoluta nos encoraja a viver com reverência, compaixão e generosidade. Em suma, a atenção plena pode tornar-se um modo de vida e, no processo, a nossa vida se torna uma benção sagrada para os outros e para o nosso mundo.

[ver Espiritualidade]

BÍBLIA

Utilizamos a Bíblia? Interpretamos a Bíblia literalmente?

Ernest Holmes, o autor de A Ciência da Mente, *foi altamente influenciado pela Bíblia e ela é um dos esteios de sustentação do ensino dele. Entretanto, ele deixou claro que é importante compreender o significado metafísico da Bíblia e que nem toda ela pode ser tomada literalmente.*

A Bíblia foi escrita ha' 2000 ou 3000 anos atrás pelo povo semítico, para o povo semítico. A Bíblia é uma Fonte de Verdade válida e valiosa quando a lemos e a entendemos de acordo com a consciência e o patrimônio dos autores. A Verdade é a Verdade e deve-se ler a Bíblia com a mente aberta, buscando o significado mais alto das estórias, metáforas e parábolas. Para se entender inteiramente a Bíblia, devemos entender as expressões e a psicologia usada pelos homens que escreveram esse livro. Sim, Deus escreveu a Bíblia por meio da consciência de seres humanos; portanto, temos de entender a humanidade para entender o livro.

CARMA

Acreditamos em carma?

Carma não é algo mau, nem bom, já que não é uma coisa em si. Carma é o uso que fazemos de nossa mentalidade através da Lei de Causa e Efeito. Portanto, em qualquer dado momento podemos começar a mudar nosso presente, assim como nosso futuro, porque podemos mudar nossas mentes acerca do modo em que pensamos e aquilo em que acreditamos.

Não reconhecemos carma como retribuição ou recompensa inevitável porque Deus não julga, nem tem rancor. Conforme aprendemos com nossos erros e perdoamos a nós mesmos, abrimos mão do passado e de todos os seus laços. Este momento é nosso ponto de poder, quando nos tornamos a causa de um novo efeito ou novo carma.

[ver Destino]

CAUSA E EFEITO

Qual é a diferença entre Causa e Efeito?

Causa é sempre aquilo que produz um efeito. Metafisicamente, estamos sempre nos tornando a causa de nosso próprio efeito através de nosso pensamento e nossas crenças mais profundas.
[ver Consciência]

A nossa mente consciente é o ponto onde a causa se inicia. O efeito ou resultado está refletido em nossos corpos físicos e em nossos negócios. Quando nos inteiramos desse processo, descobrimos que ao mudarmos a causa (nosso pensamento), o efeito (nossas vidas) muda automaticamente. Como praticantes da Ciência Religiosa, nós lidamos com a causa, ao invés do efeito.
[ver Pensamento]

CÉU

Acreditamos que existe um céu?

Céu é um estado interno de felicidade. Não consideramos que ele seja um lugar "lá em cima", com portões cobertos de pérolas e ruas asfaltadas de ouro, onde devemos chegar um dia se seguirmos um certo código de comportamento. Porque o céu é um estado de ser e não um lugar, ele pode ser experimentado no momento presente. Estando dentro, o Reino dos Céus pode ser experimentado plenamente quando conscientemente criamos um vínculo e unificamo-nos com a presença de Deus no centro de nosso ser agora e todo dia. Cada pensamento que temos que nos ajuda a curar qualquer senso de separação de Deus pode nos trazer mais próximo a um estado Celestial de ser.

CIÊNCIA DA MENTE

O que é a Ciência da Mente?

A Ciência da Mente *é o título de um livro escrito por Dr. Ernest Holmes em 1926 e revisado por ele em 1938. O livro tornou-se um compêndio e a base para os ensinamentos da Ciência da Mente como ciência, filosofia e religião para milhares de pessoas no mundo inteiro. Após a publicação de* A Ciência da Mente, *Ernest Holmes escreveu muitos outros livros atualmente usados por ávidos estudantes da Ciência da mente em todo o mundo.*

Como ciência, a Ciência da Mente é baseada em princípios universais específicos que muitos dos maiores cientistas do mundo estão provando agora. Como filosofia, a Ciência da Mente é um método simples, prático e realista de entender a natureza completa do Universo e nosso relacionamento com ele. Como religião, a Ciência da Mente representa a síntese de muitos dos maiores ensinamentos espirituais do mundo, explicados de um modo lógico e aplicável que faz com que centenas de milhares de pessoas se juntem semanalmente aos domingos para serviços religiosos de comemoração e aulas.
Para o estudante dedicado, a Ciência da Mente não é só um ensinamento, mas também uma forma de vida.

[ver Ciência Religiosa]

CIÊNCIA RELIGIOSA

O que é a Ciência Religiosa?

Em 1926, Ernest Holmes escreveu A Ciência da Mente, *um livro que tornou-se base de um ensino metafísico que se espalhou pelo mundo inteiro, desde então. Em 1927, ele fundou o Instituto de Ciência e Filosofia Religiosa em Los Angeles para expandir o ensino e os princípios sobre os quais ele escreveu. Eventualmente, alguns dos diplomados do Instituto começaram a estabelecer igrejas baseadas no ensinamento. Mesmo não tendo sido o desejo dele criar igrejas ou uma "religião", ele finalmente concordou e a denominação tornou-se conhecida como Ciência Religiosa.*

Eventualmente vários ramos da Ciência Religiosa se desenvolveram. Um deles foi a Igreja Unida de Ciência Religiosa e outro, a Ciência Religiosa Internacional. Finalmente, em 2008 as duas organizações decidiram iniciar o processo de tornarem-se uma só.

Hoje, a Ciência Religiosa está evoluindo. Muitas igrejas estão em processo de reinventar a si mesmas como "Centros de Vida Espiritual" para atender à necessidade crescente de suas comunidades.

CONSCIÊNCIA

O que é e onde está a consciência?

A nossa consciência é o nosso conhecimento mental. É ao mesmo tempo a mente consciente e subconsciente e tudo o que elas contém. Em essência, nossa consciência é a soma total de tudo o que jamais acreditamos e aceitamos como Verdade sobre nós mesmos, desde o momento em que nascemos até agora.

É através da nossa consciência que fazemos o uso individual da Mente Universal. Nossa consciência forma um sistema de crença no qual a Vida derrama-se em Si mesma [ver Mente]. *Podemos mudar nossa consciência através do Tratamento Espiritual da Mente* [ver Oração]. *A consciência definitiva que queremos desenvolver abrange o conhecimento de que "Deus é Tudo o que Existe".*

CRISTÃO

Nós nos consideramos cristãos?

Por definição, um "cristão" é aquele que:

I. Crê em Jesus Cristo como seu Senhor e Salvador; e
II. Segue seus ensinamentos.

No sentido tradicional, não nos consideramos cristãos porque não afirmamos o homem Jesus como nosso "Senhor e Salvador" [ver Salvador]. *Não obstante, NÓS CREMOS no seu ensino, no qual o compêndio Ciência da Mente é em grande parte baseado. Cremos que o Mestre Jesus veio ensinar a cada um de nós o caminho do Cristo* [ver Cristo]. *Portanto, fica a critério de cada indivíduo analisar sua própria vida para decidir se é cristão ou não. A mensagem do Cristo é o amor incondicional, não julgar, o perdão, a irmandade e a paz. Talvez o verdadeiro Cristianismo seja mais um estilo de vida que uma religião em particular.*

CRISTO

Jesus era o Cristo?

É importante entender que Cristo não é o sobrenome de Jesus; é um título que reconhece o fato de que ele compreendeu e demonstrou totalmente a sua natureza divina e a sua unidade com Deus.

A palavra "Cristo" vem do vocabulário grego Cristos, *que significa "ungido" ou "iluminado". Na* Ciência da Mente, *Ernest Holmes declara que Cristo é uma idéia universal e que cada um "se entrega ao Cristo" à medida em que renuncia um sentido de vida limitado e se entrega à Divina Realização de plenitude e unidade com o Bem, o Espírito Santo, Deus."*

CULTO

Somos um culto?

Segundo o dicionário, um culto é um grupo que estuda um sistema de adoração religiosa com admiração ou devoção a uma pessoa ou coisa.

Nos ensinamentos da Ciência da Mente não adoramos a ninguém, nem a nada. Isso seria idolatria. Cremos que não precisamos de ninguém para interceder entre nós e Deus. Ao contrário de alguns ensinamentos que ensinam a adoração do mensageiro, em vez de ensinarem a mensagem, a Ciência Religiosa está muito longe de ser um culto. Nosso ensino é universal, "aberto" e não coloca ninguém nem acima, nem abaixo de nós. Cremos que Deus está disponível a qualquer um e a todos por igual.

CURA

O que é a cura e onde ela acontece?

Já que existe uma correlação direta de causa e efeito entre nossas mentes e nossos corpos, deve haver também uma correlação direta entre causa e efeito no processo da cura. Os mestres de muitas disciplinas têm ecoado o mesmo entendimento acerca da relação entre nossa mente e nossos corpos, assim como o corpo de nossos negócios: "Assim dentro, como fora — Acima, como abaixo – conforme uma pessoa pensa, assim o será – é feito a você conforme você acredite."

Na Ciência da Mente, *Ernest Holmes declara*, "Buscamos curar a mentalidade dos homens, sabendo que no grau em que formos bem sucedidos, estaremos também curando scus corpos. A crença em dualidade tem tornado o homem doente mas o entendimento de Unidade irá curá-lo."

Conforme trabalharmos para curar nossas mentes da crença em que poderíamos possivelmente ser separados de Deus, esta cura de nossa crença se refletirá na cura de nossos problemas e condições de saúde.

DEMONSTRAÇÃO

O que é uma demonstração?

Na Ciência da Mente, *Ernest Holmes declara, "Podemos fazer demonstrações somente ao nível de nossa habilidade de conhecimento." Uma demonstração é o resultado de nosso trabalho mental e espiritual para conhecer a Verdade sobre nós mesmos, o que cria uma vida melhor e mais recompensadora. Nossas demonstrações podem ser grandes ou pequenas. Devemos celebrar todas elas porque elas ilustram nossa habilidade de conhecer conscientemente a Verdade e usar o Princípio de maneira positiva.*

[ver Princípio e Verdade]

DESTINO

Acreditamos em predestinação?

Nosso destino é aquilo que decretamos por meio do que pensamos e encarnamos no momento, produzindo assim a nossa realidade de amanhã. Nosso destino é o retrato perfeito de nosso uso individualizado da Lei de Causa e Efeito.

[ver Causa e Efeito, Carma e Consciência]

DEUS

Acreditamos em Deus?

Deus é conhecido por muitos nomes diferentes, tais como Atman, Brahma, Alá, Bahá'u'lláh, O Cristo, a Natureza do Buda, Wakan Tanka, O Criador, O Grande Fabricante, Jeová, Eloin, Yahweh, O Pai, O Grande Espírito, O Bem-Amado, Fonte, O Infinito, Ser, Presença, Self, O Todo, Mente Divina, Vida, Espírito, Inteligência Universal e até mesmo, Isto.

Na Ciência da Mente, nos referimos a Deus por muitos nomes também: Primeira Causa, o Grande Eu Sou, o Primeiro e Único, Amor, Lei, Sabedoria, Inteligência, Poder, Substância, e Mente. Deus é a Verdade que é real – um Princípio universal que é consistente e confiável. Deus é Espírito ou Energia Criativa, que é a causa de todas as coisas visíveis. Deus é o Alfa e o Ômega e tudo o que existe entre esses dois pontos, porque Deus é tudo o que vemos e o que não vemos.

Independentemente do nome que possamos dar a Deus para personalizar nossa relação espiritual, quanto mais podemos reconhecer e compreender a presença de Deus em nós e como nós, mais experimentamos plenitude em nossas vidas.

DIABO

Acreditamos em diabo?

Crer num diabo seria crer em dualidade ou, em outras palavras, crer que tanto poderia existir Deus, assim como outro poder oposto. Não existe um poder para o bem e um poder para o mal; so' existe um poder, Deus. No entanto, existem pessoas que usam mal o poder delas. O diabo não é uma pessoa, mas uma idéia baseada no pensamento destrutivo.

[ver Inferno]

DIAGNOSE

Na medicina, uma diagnose é o reconhecimento da presença de uma doença, segundo os sintomas ou condições apresentados.

Para os cientistas religiosos, um diagnóstico não é mais do que uma opinião *acerca de condições existentes. Sabemos que enquanto condições possam ser fatos, os fatos por sua vez podem mudar. Não se deve ignorar uma diagnose, porque a inteligência de Deus pode ser revelada por meio de opiniões médicas, sem dúvida, mas uma diagnose não é nem um veredito, nem uma sentença de morte. Sabemos que ao trabalhar nossa consciência estamos operando ao nível do Espírito. Isso significa lembrar a nós mesmos que Deus é a Primeira Causa de toda a nossa experiência e que na mente de Deus não existe doença, nem nenhuma outra condição discordante.*

[ver Oração]

DINHEIRO

O que o dinheiro tem a ver com a espiritualidade?

Na Ciência da Mente, *Ernest Holmes declara, "Dinheiro é o símbolo da Substância de Deus; a idéia de Suprimento Espiritual objetificado."*

A física quântica nos diz que toda forma material é energia vibrando a uma certa frequência. Dinheiro é um símbolo de energia se manifestando, não somente em moeda corrente, mas também naquilo pelo qual a moeda pode ser trocada. Como em todas as formas de energia, a fim de que o dinheiro nos sirva de modo afirmativo na vida, ele deve permanecer em circulação. Quando trabalhamos estamos trocando uma forma de energia, o nosso labor, por outra forma de energia, o dinheiro. Depois trocamos o dinheiro por outras formas de energia tais como habitação, comida, eletricidade, gasolina, e daí por diante. O ciclo de energia nunca pára de fluir e de trocar de forma.

Quando nos apegamos ou acumulamos nosso dinheiro, impedimos a sua circulação e nos tornamos causa para o efeito de dinheiro "insuficiente" porque entupimos o fluxo. É vital para o nosso próprio bem, entender e praticar a circulação de nosso dinheiro com o coração aberto e grato.

DINHEIRO

Lembrar que Deus é a Fonte e o Suprimento de nosso bem é um elemento necessário para se ter um bom relacionamento com o dinheiro.

Poupar dinheiro é bom se o fazemos conscientemente e sem medo. Podemos poupar dinheiro com a sabedoria apoiada na fé e não no medo e aí, então, os resultados refletirão aquela ação. Pense no pneu sobressalente na mala do seu carro como um exemplo. O bom senso nos diz para mantê-lo, porém poucas pessoas dirigem o tempo todo com medo de ter um pneu furado. Isso é sabedoria apoiada na fé.

É a intenção e a energia emocional por trás da ação que desencadeiam o fator de "não suficiente" da "lei de atração": Se a nossa poupança for motivada pelo medo de não ter o suficiente, o universo recebe a impressão dessa crença e faz imparcialmente com que a nossa experiência reflita essa idéia em nossos assuntos financeiros. Se pudermos aplicar a lógica do "pneu sobressalente", ou seja, a sabedoria apoiada na fé, ao nosso relacionamento com o dinheiro, estaremos enviando uma mensagem totalmente diferente ao universo, que sempre diz sim às nossas idéias.

[ver Abundância, Lei da Mente, Causa e Efeito, Energia]

DOENÇA

Uma doença é simplesmente o efeito de um pensamento errôneo.

Uma doença é uma força impessoal do pensamento que opera através das pessoas, mas não é a verdade sobre elas. À medida em que nossas mentes criativas mantiverem a paz, a doença desaparecerá de nossos corpos. Ao tornarmo-nos mais conscientes da verdadeira presença de Deus no mero centro de nosso ser, obteremos como resultado a paz interna. O conhecimento de Deus como nosso Próprio Eu é a chave para se estar em paz.

DUALIDADE

O que é dualidade e como ela nos afeta?

Dualidade é a crença em dois poderes separados e opostos. Curamo-nos deste medo experimentando primeiro a presença de Deus dentro de nós mesmos e reconhecendo em seguida que Deus é sempre Onipotente.

A dualidade resulta da crença baseada no medo de que fomos, poderemos vir a ser, ou talvez possivelmente estejamos separados de Deus ou da Bondade; e a aparência das "coisas, condições e pessoas" no mundo material parece reforçar esta crença.

[ver Onipresente, Realidade e Diabo]

ENERGIA

Energia é outro nome de Deus? Sim!

A Energia Divina está no centro e na circunferência de tudo o que existe. A física quântica nos diz que a energia está presente em todo lugar e funciona mesmo a nível sub-atômico.

A metafísica nos diz que a energia em qualquer forma é Deus em ação. Toda energia é criativa. Dirigimos a energia primeiro compreendendo-a e depois unindo-nos a ela.

[ver Pensamento]

ESPÍRITO

O homem tem espírito? Certamente!

Melhor ainda, desde que foi criado, o homem é espírito. Cremos que o Espírito de Deus desejou se expressar mais plenamente, então, criou de Si Mesmo a forma por meio da qual se expressa.

Essa forma toma muitas figuras e condições diferentes. Entre as formas mais altas da expressão de Deus está a forma humana – Você! Cada um de nós é o Espírito de Deus individualizado. Além de tentarmos ter uma "expriência espiritual" como seres humanos, deveríamos nos dar conta de que, na verdade, somos seres espirituais tendo uma experiência humana.

Você não é somente um corpo de carne e osso! No centro de seu ser existe um espírito com vontade própria, com liberdade de escolha e consciente de si mesmo. Muitas vezes chamanos o Espírito de "Observador Interno".

Ao nos interarmos mais da presença do espírito que realmente somos, automaticamente começamos a viver no conhecimento de que Deus e nós somos realmente um. O Espírito pensa conscientemente e este pensamento move-se através do meio criativo, sujeito à mente (nossa alma) e se converte em objeto no nosso mundo exterior de efeito. O Espírito é a causa; o resultado do pensamento é o efeito.

ESPIRITUALIDADE

Como a Espiritualidade se aplica pessoalmente a mim?

Já que sabemos que Deus é tudo o que existe, sabemos também que vivemos num universo espiritual. A realidade é que não poderíamos ser mais "espirituais" do que já somos, não importa o quanto tentemos. Nós já somos 100% espírito. A Espiritualidade é meramente a prática consciente do reconhecimento da presença de Deus neste momento.

É por isso que nossas práticas espirituais são tão importantes – elas servem como lembretes diários para "lembrarmos de lembrar" que somos um com o Divino, agora e sempre.

[ver Atenção Absoluta, Meditação e Visionamento]

ETERNIDADE

O que a eternidade significa para nós enquanto cientistas religiosos?

A eternidade é a essência de Deus, a qual não tem princípio, nem fim. Ela existe sem tempo, nem espaço. Existe uma parte de cada um de nós que também é eterna porque em Deus somos todos Um.

[ver Morte e Manifestação]

EU SOU

Eu Sou Aquele Eu Sou. "Eu Sou" é o nome mais alto de Deus.

Por ser Deus uma presença tanto pessoal, quanto universal para nós, o "Eu Sou" é tanto individual, quanto universal. Conforme começamos a caminhar na consciência de "Eu Sou", curamo-nos todo senso de separação de Deus: Deus em mim, como eu, é eu.

Afirmar "Eu Sou" é a declaração mais poderosa que podemos fazer. A Lei da Mente imparcial opera de tal modo que tendemos a nos tornar aquilo que pusermos após "Eu Sou".

EXPIAÇÃO

Praticamos a expiação na Ciência da Mente?

Na teologia tradicional, expiação é a doutrina relativa à reconciliação entre Deus e a humanidade. Não acreditamos que Deus pode estar separado de nós porque somos sempre um com Deus. No entanto, existem épocas em que necessitamos nos reconciliar com Deus porque acreditamos erroneamente que estamos separados de Deus. Metafisicamente, quando praticamos a expiação, estamos afirmando a nossa unidade com Deus. A expiação acontece quando curamos qualquer senso de separação de Deus – quando retornamos ao nosso conhecimento original de nossa unidade com o Todo Divino.

FÉ

O que constitui a fé, de acordo com os ensinamentos da Ciência da Mente?

Nesse sentido, podemos dizer que a fé é a pedra angular sobre a qual construímos uma relação consciente com Deus. Com fé suficiente em Deus e na Vida, podemos iniciar cada dia sabendo que nos será feito conforme acreditamos.

[ver Amor e Lei]

GRAÇA

Como experimentamos a Graça de Deus?

Na Ciência da Mente, Ernest Holmes declara, "a Graça é a dádiva do Espírito à Sua criação... o resultado lógico da aceitação correta da vida e de um relacionamento correto com o Espírito".

Não temos de orar pela Graça de Deus porque ela já foi dada. A graça não é uma dádiva de bênçãos de Deus para alguns e outros não. Todos somos igualmente capazes de viver na graça de Deus. A prática é para nós estarmos conscientes de que o Espírito está sempre dando-Se a nós por causa da nossa união com Deus. Conforme vivemos totalmente conscientes de nossa unidade com Deus no presente momento, nós naturalmente entramos no fluxo da vida com graça e facilidade.

IMORTALIDADE

Cremos que somos seres imortais?

Nós somos mais do que aquilo que vemos no espelho. Sabendo que Deus é a essência da Imortalidade e que nós somos a incarnação viva de Deus em algum nível, nós também devemos ser imortais – talvez não como personalidades, mas certamente como seres espirituais.

Na Ciência da Mente, *Ernest Holmes declara: "Se a alma pode criar e sustentar um corpo aqui, não há motivo para negar sua habilidade de criar e sustentar outro numa vida futura." Resumindo, o universo não fez nenhuma provisão para a morte, somente transcendência e transformação.*

[ver Morte]

IMPULSO DIVINO

Qual é a intenção do Impulso Divino?

Existe um impulso interior para crescer que permeia a essência de todas as coisas vivas. Na Ciência da Mente, Ernest Holmes se refere àquele impulso interno de crescer como o "Impulso Divino - o desejo interior de expressar a vida ... o desejo de fazer e conseguir mais... é aquele espírito eternamente progressivo de desdobramento."

O Impulso Divino se move através de toda coisa viva e a sua voz perpetuamente sussurra em nosso ouvido interior, "Cresça, cresça, cresça... eu tenho que ser mais amanhã do que fui ontem."

Porque o Impulso Divino é dirigido pelo impulso universal para crescer e criar "mais" sem julgar o que está criando, cabe a nós determinar o que esse "mais" deve ser. Portanto, é sábio ouvir e honrar o Impulso Divino, orientando-o de forma positiva e produtivu. Quando fazemos isso, a nossa vida será expressa e enriquecida mais completamente.

INCORPORAR

O que quer dizer incorporar e como usamos isto?

O ato de incorporar é experimentar subjetivamente um pensamento como uma sensação de "saber". Incorporar é "dar forma a ou fazer parte de". Quando incorporamos nossos pensamentos e palavras através do Tratamento Espiritual da Mente, estamos na realidade permitindo que nossos pensamentos gerem sentimentos. Conforme o nosso pensamento gera um sentimento, nós "damos forma a ou fazemos com que ele seja parte de" nosso ser inteiro, espiritualmente, mentalmente e fisicamente.

A incorporação transmite à mente subconsciente a nossa aceitação de uma idéia consciente. Nós incorporamos coisas construtivamente quando acreditamos no que queremos e queremos aquilo em que acreditamos.

INFERNO

Cremos em inferno?

O inferno, assim como o Céu, é um estado da mente, baseado completamente em nosso conhecimento ou na falta de conhecimento da presença de Deus dentro de nós.

O inferno não é um local coberto de fogo; é um estado discordante de ser, onde nosso pensamento cria um senso de separação entre Deus e nós. Muita gente está cheia de pensamentos infernais e, portanto, experimentam um "inferno vivo" todos os dias.

[ver Dualidade]

INTUIÇÃO

Todas as pessoas têm intuição e como ela é acessada?

Na Ciência da Mente, *Ernest Holmes declara, "A intuição é Deus no homem, revelando a ele as Realidades de Ser." Imagine uma estação de rádio irradiando seu sinal vinte e quatro horas por dia. Só quando botamos o rádio naquela estação é que recebemos a informação que está sendo enviada. Espiritualmente falando, é assim que a intuição funciona. A Inteligência Infinita está disponível a nós o tempo todo para que possamos ser guiados às nossas maiores e melhores experiências na vida. O mesmo princípio é vigente para o mundo animal e a Inteligência agindo neles é conhecida como instinto. A diferença primária entre os animais e os seres humanos é que os animais não têm escolha, a não ser receber e seguir seus instintos naturais porque sua sobrevivência depende disso; nós, no entanto, temos escolha. Freqüentemente, nossas mentes e nossos corpos não se encontram no mesmo lugar. Podemos acessar a nossa intuição achando tempo para "aquietar-nos e saber" e ouvir aquela pequena voz silenciosa que freqüentemente fala não somente ao nosso ouvido, mas através da natureza de nossos sentimentos também.*

[ver Atenção e Visionamento]

JESUS

Jesus era o filho de Deus? Sim.

Cremos que Jesus era, de fato, o filho de Deus. Também acreditamos que todo ser humano é descendente de Deus. Na Ciência da Mente, *Ernest Holmes declara: "A Ciência Mental não nega a divindade de Jesus, mas também afirma a divindade de todas as pessoas. Ela não nega que Jesus era o filho de Deus, mas afirma que todos os homens são também filhos de Deus.*

Os ensinamentos de Jesus são supremos na Ciência da Mente. Entretanto, o foco é mais no entendimento dele e em seu uso de princípios universais do que em sua personalidade. Muito do que a Ciência da Mente *ensina está contido em duas declarações creditadas a Jesus: "O Reino de Deus está dentro de vós."(Lucas 17:21) Esta declaração afirma nossa unidade com Deus agora e sempre. E "Seja-vos feito segundo a vossa fé." (Mateus 9:29) Essa declaração afirma o poder de nosso pensamento quando alinhado com nossas mais profundas crenças.*

Jesus demonstrou perfeitamente como se ter um relacionamento com o universo e com um Deus de amor, baseado na nossa unidade com o Um. Resumindo, com profunda reverência vemos Jesus como o grande exemplo, em vez de a grande exceção.

JULGAMENTO

Como o julgamento nos afeta?

Quando o mestre Jesus disse, "Não julgues, para que não sejas julgado" estava se referindo à Lei de Causa e Efeito. O julgamento é formado em nossa própria mente baseado em nossas próprias experiências, e não necessariamente baseado nas ações da pessoa que estamos julgando.

Entendendo que Deus é tudo o que existe, quando julgamos os outros (ou a nós mesmos), criamos um senso de separação entre nós mesmos e Deus. Enquanto muitas vezes é tentador julgar os outros baseados em suas ações, talvez Jesus tenha compreendido o significado mais profundo de sua declaração, sabendo que se os outros são merecedores de alguma forma de punição, a Lei de Causa e Efeito, que opera sem julgamento, traz sempre consigo uma resposta equilibrada.

Não existe punição – somente conseqüências. Quando começamos a ver em primeiro lugar a presença de Deus em nós mesmos e nos outros, não temos necessidade ou desejo de julgar.

[ver Pecado e Carma]

LEI DA MENTE

O que é a Lei da Mente e como ela funciona?

A Lei da Mente é o meio criativo através do qual o Espírito se move como Mente Consciente. A Lei é somente dedutiva. Isto quer dizer que ela recebe a impressão do pensamento e atua sobre ele da mesma forma que o meio criativo do solo da terra recebe uma semente, nunca rejeitando-lhe. Precisamos estar atentos àquilo que pensamos, acreditamos, sentimos, visualizamos, imaginamos, lemos e conversamos porque isso vai para o meio criativo de nossa mente subconsciente, que é nosso uso individualizado da Lei Universal. A Lei da Mente é uma força cega e não julga ou questiona o conteúdo da semente-pensamento. Ela meramente diz "Sim...que seja-vos feito segundo a vossa fé."

Tudo o que entra em nosso pensamento subconsciente tende a voltar como alguma condição ou efeito. Em suma, a Lei da Mente tanto pode ser nossa serva, como nossa mestra, dependendo do quão conscientemente a abordamos e do quão sabiamente fazemos uso de seu incrível poder.

[ver Mente e Julgamento]

MACROCOSMO E MICROCOSMO

Como o Macrocosmo e o microcosmo me afetam?

Espiritualmente falando, o Macrocosmo é o todo universal – Deus é tudo o que existe. O microcosmo é composto de partes individualizadas do todo, mas ao mesmo tempo não é menos que o todo em essência. Todo ser humano representa um microcosmo do Macrocosmo.

Pense no oceano como o Macrocosmo e cada gota d'água do oceano como o microcosmo. Todas as partes do microcosmo contêm tudo da essência do todo, mas não são maiores que o todo. Em outras palavras, enquanto Deus é tudo o que você é, você não é tudo o que Deus é. A meta da Ciência da Mente é ajudar as pessoas a compreenderem a sua relação única, não somente com Deus, mas como manifestações mortais de Deus. O Macrocosmo e o microcosmo são um. Todas as qualidades de Deus se aplicam a você também. Compreender essa verdade lhe trará imensa alegria, saúde, satisfação, abundância, tranquilidade, fé, poder e paz interna.

MAL

O mal é uma realidade? Existe um poder para o mal?

Assim como não existe um diabo, não existe também um poder para o mal. Entretanto, existem pessoas que abusam do poder que elas têm. Elas o usam de modo maléfico.

Na Ciência da Mente, *Ernest Holmes declara, "O mal é uma experiência da alma em sua jornada na direção da compreensão da Realidade. Sozinho, o mal não é nem pessoa, nem lugar ou objeto e desaparecerá na proporção exata em que deixarmos de usar métodos destrutivos. Enquanto cometermos erros, seremos automaticamente punidos."*

[ver Realidade, Pecado]

MÉDICOS E REMÉDIOS

Cremos no uso de médicos e remédios?

Cremos que Deus é onipresente e, portanto, pode curar de muitas maneiras diferentes. Certamente, se Deus está em toda parte e em todos, então a inteligência de Deus pode funcionar através da mente e do corpo do médico, assim como através de qualquer remédio receitado.

É claro que a meta final para nós, como praticantes da Ciência da Mente, é compreender que é o nosso pensamento que cria todas as condições em nosso corpo e em nossos negócios. Trata-se simplesmente de causa e efeito. Ao irmos expandindo nosso entendimento dessa verdade, sabemos que chegará o momento em que estaremos tão alinhados com o poder e a presença de Deus dentro de nós que não teremos mais necessidade de atenção médica, porque seremos mantidos em nosso estado natural de perfeição e integridade. "Deus perfeito, homem perfeito, ser perfeito!"

MEDITAÇÃO

O que é a meditação e como a usamos?

A prática da meditação tem sido ensinada por mestres de todas as tradições espirituais por milênios porque é um elemento fundamental para experimentarmos nossa unidade com Deus. Meditação é simplesmente aquietar a mente consciente para facilitar uma experiência mais ampla da presença de Deus.

Meditação não é para o propósito de orar ou receber respostas. É depois que meditamos que o Eu Superior pode ser revelado sob a forma de orientação ou respostas desejadas.

[ver Visionamento]

Existem muitas formas de meditação e nenhum método em particular é melhor do que outro. Todos nos levam a uma experiência maior do Um. A meditação irá ajudar a incutir um sentimento profundo de paz interior e relaxamento, o que nos beneficia espiritualmente, mentalmente e fisicamente.

MEDO

O que é o medo e como podemos lidar com ele?

Metafisicamente, o medo é uma experiência emocional gerada por uma sensação de separação da Fonte, Deus. Todo medo está ligado a uma preocupação de perda em algum nível. Uma realização plena da presença de Deus como a fonte e suprimento de tudo o que é necessário para nos sustentar na plenitude neutralizará o medo. O medo é a falta de conhecimento da Presença de Deus, enquanto o amor é a mais alta vibração da Presença de Deus.

[ver Amor]

MENTE

Por "Mente" queremos dizer a Mente de Deus?

Sim, mas também queremos dizer nossa própria mente, pois somos todos um em Deus. Na Ciência da Mente, *Ernest Holmes afirma que "Não existem coisas tais como a sua mente ou a minha mente, a mente dele ou dela e a mente de Deus. Em suma, só existe uma mente na qual todos os seres vivem, se movem e expressam sua individualidade.*

Esta mente opera através de nossas vidas consciente e subconscientemente. Como Mente consciente é o Espírito, seja em Deus ou no indivíduo. Ao nível da Mente subconsciente é a Lei em ação. A Mente subconsciente está sempre sujeita à Mente consciente. O Espírito se move através da Lei da Mente para criar. Aquilo que chamamos de "nossa Mente" é simplesmente aquele ponto na consciência-Deus onde estamos conscientes de Si.

[ver Causa e Efeito, e Espírito]

Como Explicar a Ciência da Mente

O que é a Mente Coletiva e como ela afeta o indivíduo?

Quando a Ciência da Mente *foi escrita por Ernest Holmes, ele se referiu à mente coletiva como a mente da raça porque ela continha os pensamentos conscientes e inconscientes, a energia e as idéias da raça humana inteira. Também conhecida como o inconsciente coletivo ou sistema de crença social, a mente coletiva é uma força de pensamento que permeia todo o planeta.*

Aquilo a que Holmes se referiu como sugestão da raça não tinha nada a ver com etnia ou culturas específicas; é o sistema coletivo de crença humana operando através da mentalidade de qualquer indivíduo na raça humana que esteja aberto e receptivo a ele. Se não estivermos alertas, é muito fácil cair na vibração e influência do pensamento improdutivo e nos tornarmos sujeitos ao modo como ele opera através da mente coletiva.

A mente coletiva pode ser uma fonte abundante de energia negativa. Podemos nos elevar acima da vibração do pensamento negativo coletivo concentrando a nossa consciência diariamente numa realidade mais alta. Os aspectos negativos da mente coletiva não podem operar através daqueles que estão plenamente conscientes da presença de Deus dentro e em torno deles.

METAFÍSICA

A Ciência da Mente é um ensino metafísico?

Não há nada misterioso ou sobrenatural acerca da metafísica. Meta *significa "acima ou além" e* física *quer dizer "material, ou aquilo que é experimentado pelos cinco sensos". A metafísica inclui a Ciência de Ser, algumas vezes chamada de Ontologia.*

O estudo da metafísica remonta ao tempo de Aristóteles. Ele também pode ser considerado como o estudo científico dos aspectos relacionais de causa e efeito. A metafísica é os estudo de Deus como Causa Primária, Inteligência Criativa ou Mente Universal, que está presente em toda parte, [Ver Onipresente] *dentro e através de tudo o que vemos, tocamos, cheiramos, ouvimos, saboreamos ... e mais além. A Ciência da Mente é um estudo baseado metafisicamente.*

MORTE

Cremos na morte? Sim – e não.

O princípio divino da Vida é um movimento que se desenvolve eternamente em espiral ascendente. O Espírito de Deus é o espírito do homen e existe sem nascimento, nem morte. O princípio da vida não pode saber de morte.

A experiência humana de morrer não é senão deixar um traje velho para por um novo. Existe um corpo material e um corpo espiritual. Este corpo espiritual é o que se chama de ressurreição do corpo.

NEGAÇÃO

No Tratamento Espiritual da Mente, também conhecido como Oração Afirmativa, podemos usar a negação de uma condição como uma forma de elevar a nossa consciência para ver somente o bem (Deus) que sabemos que existe além de todas as aparências. Na Ciência da Mente, afirma Ernest Holmes, "A negação abre caminho para a realização da verdade. É uma limpeza do terreno, uma dragagem dos canais mentais, preparatórias para a construção de uma afirmação positiva e construtiva".

Em outras palavras, quando negamos uma condição negativa na nosso trabalho de oração, esta negação é sempre seguida por uma afirmação positiva [ver Afirmação e Tratamento], pois não há espaços vazios na mente. Ao removermos a crença em uma condição negativa através do uso da negação, uma afirmação positiva preenche aquele espaço na consciência.

Como Explicar a Ciência da Mente

Somos parte do movimento da Nova Era?
Cremos no uso de cristais, médiuns, hipnotismo, Tarot ou astrologia?

A Ciência Religiosa faz parte do Movimento do Novo Pensamento, não no Movimento da Nova Era. Enquanto estamos numa nova era de descobrimentos científicos e de despertar espiritual, não ha' nada de novo sobre os princípios que estudamos e nos esforcamos por aplicar às nossas vidas diariamente. Como "Novo Pensamento", a Ciência Religiosa ensina a sabedoria antiga de muitas das maiores religioes do mundo num formato novo e contemporaneo. Esta sabedoria sempre nos conduz de volta ao fato de que nossa Verdade e conexao com Deus so' podem se encontrar em nosso interior; portanto, não sentimos a necessidade de usar nenhuma "ferramenta" fora de nossa propria consciência para alcancar integridade total, paz e uma vida equilibrada.

Não temos necessidade de recorrer a ajudantes ou entidades fora de nossa propria inteligência inata para obter orientação divina ou conselhos. Faze-lo seria renunciar ao nosso poder. A Ciência Religiosa e a Ciência da Mente existem por uma razao: "Para ajudar a cada pessoa a descobrir seu próprio poder interno verdadeiro. É a Primeira Causa e deve encontrar-se primeiro dentro de cada pessoa, não no mundo exterior. Nosso desejo é sanar todos os sentimentos de separação da fonte de nosso bem – Deus. Esta é uma experiência interna e uma Verdade antiga!

NOVO PENSAMENTO

Se a Ciência Religiosa é parte do movimento do Novo
Pensamento, então, o que é o Novo Pensamento?

*Sim, a Ciência Religiosa é um dos muitos ensinos metafísicos
que se identificam como Novo Pensamento. Devido a
sustentarmos que existe uma Verdade que pode ser encontrada
em todas as religioes do mundo, tratamos de afirmar toda a
humanidade por meio da pratica da Presença do Unico Deus.
Portanto, com reverencia e respeito a todas as outras crenças
espirituais, o Novo Pensamento é um sistema de crenças que
celebra uma espiritualidade universal, fazendo honra a todo ser
humano como expressão sagrada do Unico Deus.*

ONIPOTÊNCIA

O que é onipotência?

Ominipotente significa todo-poderoso, com poderes ilimitados. Deus é Onipotente. A vantagem de saber que Deus é todo-poderoso reside no fato de que somos Um com este Poder. À medida em que começamos a experimentar a presença de Deus dentro de nós, sabemos que podemos deixar esse poder fazer coisas maravilhosas através de nós.

É daí que vem o nosso poder no Tratamento Espiritual da Mente **[verTratamento]**. *Sabemos que nós mesmos não fazemos nada, mas realizamos a Verdade Divina. É Deus dentro que faz o trabalho.*

ONIPRESENÇA

O que é onipresença?

Toda a premissa da Ciência da Mente recai exclusivamente sobre o fato onipresente de que "Deus é tudo que existe", Deus é tudo o que vemos e tudo o que não vemos - tudo o que já foi e será. Enquanto nós sabemos que não somos tudo o que Deus é, Deus é tudo o que somos.

Toda discórdia em nossas vidas surge porque, em algum nível, criamos um sentimento de separação de Deus. Nosso objetivo final na Ciência da Mente é curar essa crença errônea. À medida em que praticamos a nossa unidade com Deus, experimentando a presença plena de Deus no centro e circunferência da nossa experiência [ver Absoluto], um senso profundo e preenchedor de Paz Interior e Totalidade será oresultado. Esta é a paz de Deus, a pedra de fundação de toda compreensão.

Cada um de nós é uma saída para Deus e uma entrada para Deus.

- Ernest Holmes

ONISCIÊNCIA

O que é Onisciência?

Onisciência significa ter conhecimento, conscientização ou compreensão completos ou ilimitaods, percebendo todas as coisas. A Mente de Deus é Onisciente. A verdade é que nunca houve, nem nunca haverá um problema ou uma questão para a qual a solução ou resposta já não existe na Mente Onisciente de Deus.

Através da Tratamento Espiritual da Mente (Oração Afirmativa),meditação, atenção plena e visionamento, podemos nos alinhar conscientemente com esta Mente Onisciente de Deus, realizando que nós já existimos como Um. Quando fazemos isso, nós começamos a atrair para nossas mentes a intuição, a sabedoria e a coragem necessárias para curar e resolver as nossas dificuldades. Poderíamos começar a afirmar diariamente e saber que: Deus em mim, como eu, é eu e, portanto, eu sei o que eu preciso saber.

[ver Visionamento]

Dennis Merritt Jones, DD

ORAÇÃO

Usamos a oração em nossos ensinos ?

A oração, por definição, significa uma "comunicação humilde em pensamento ou fala, com Deus ou com um objeto de adoração expressando confissão, súplica e louvor."

Na Ciência da Mente comunicamo-nos em pensamento e fala com Deus através de um processo chamado Tratamento Espiritual da Mente ou Oração Afirmativa. Nós acreditamos que Deus já nos deu, pela nossa herança divina, tudo o que jamais vamos precisar para viver uma vida plena, saudável, completa e próspera; nosso único trabalho é aceitá-lo. A comunicação ocorre sempre dentro de nossa própria consciência e mente. O Tratamento Espiritual da Mente é um processo lógico, usado para alterar a nossa consciência ou crença. O Tratamento reconhece a Mente (ou Lei) que aquilo para o qual estamos tratando já existe e é nosso. Não ha nunca pedido, imploração ou súplica -apenas aceitação daquilo que já nos foi dado. A Lei de Causa e Efeito faz com que seja assim. Na verdade, é feito a nós, conforme nós acreditamos.

[ver Tratamento]

PALAVRA

Na Ciência da Mente, *Ernest Holmes diz, "A Palavra significa, é claro, a habilidade do Espírito de declarar uma expressão em manifestação, em forma. A palavra de Deus significa a Auto-Contemplação do Espírito."*

Isto quer dizer que, tanto os elementos físicos do Universo que vemos, quanto a essência invisível do Universo que não podemos ver, constituem a Auto-Contemplação de Deus. O "Eu Sou O Que Eu Sou". No princípio era a Palavra.

Isto é significativo para nós porque, como incarnações do Espírito Uno de Deus, cada vez que pensamos ou ponderamos, estamos realmente falando a "Palavra" para a mente criativa e através da lei de causa e efeito, nossa "Palavra" torna-se manifesta. No princípio de qualquer processo criativo está a Palavra – a Inteligência Infinita de Deus-Primeira Causa, movendo do pensamento à forma, ao objeto. Aquilo que nós colocamos as palavras "Eu Sou" na frente, nos tornamos. Este é o poder criador da Palavra.

PECADO

Acreditamos que somos pecadores?

A palavra 'pecado' vem de um antigo termo grego. Quando um arqueiro errava o alvo com sua flecha, ele pecava. Pecar quer dizer errar o alvo ou fazer um erro.

Na Ciência da Mente, *Ernest Holmes declara, "Não existe pecado, só um erro e nenhum castigo mas consequências." A Lei de Causa e Efeito sempre traz consigo as consequências da ação ou erro. Holmes continua e diz: "Deus não pune o pecado. Conforme corrigimos nossos erros, esquecemos nossos pecados."*

É impossível acreditar que Deus (que está presente em todas as formas de vida) consideraria os homens menos que perfeitos porque Deus é um Deus de amor, e não de raiva, julgamento ou punição. Deus, no entanto, permite que respondamos pelos nossos próprios erros (pecados) à imutável Lei de Causa e Efeito. Não existe bom ou ruim – só existem consequências.

Conforme crescemos, aprofundando nosso entendimento do relacionamento entre o nosso pensar, as escolhas que fazemos e como a Lei de Causa e Efeito opera, iremos realmente aprender a não "pecar" mais.

PENSAMENTO

O que é o Pensamento?

Na Ciência da Mente nós sabemos que nossos pensamentos são energia sendo dirigida de um modo específico. O processo criativo começa com uma crença que então traz um pensamento adiante – é um movimento de consciência. [ver Consciência]

Nosso pensamento se origina como causa em nossa mente consciente, que então move-se através de nossa mente subconsciente como Lei. Em outras palavras, nossos pensamentos trabalham através da Lei, mas essa Lei é posta em movimento conscientemente. (É assim que os pensamentos se tornam coisas.)

Para aplicar conscientemente a Lei [ver Lei e Incorporar] *o passo inicial requer a realização de que somos responsáveis pelos pensamentos que pensamos e controlamos. Mude seu pensamento e sua vida mudará.*

PRATICANTE

O que é um praticante? Quando e por que eu iria usar um?

Um praticante é uma pessoa que é treinada e licenciada para realizar um Tratamento Espiritual Mental para os outros

[ver *Oração*]

Um praticante não dá conselhos. Através do tratamento, um práticante somente facilita a cura espiritual e mental, sabendo que toda a cura acontece na consciência e se reflete no corpo físico e nos afazeres de alguém.

Como os praticantes e a pessoa para quem eles estão tratando são um só na mente de Deus, o tratamento exige que os praticantes saibam dentro de si a verdade sobre *aquela pessoa. Sendo um em Mente, este auto-saber cresce para dentro da consciência daquele que está sendo tratado.*

[ver Mente, Consciência e Tratamento]

Os serviços de um praticante licenciado são particularmente úteis quando alguém está emocionalmente emaranhado ou muito próximo de um problema para saber conscientemente a Verdade Espiritual sobre si próprio.

[ver Verdade]

Como Explicar a Ciência da Mente

PRINCÍPIO

Qual o Princípio sobre o qual a Ciência da Mente se baseia?

A Ciência da Mente tem sido referida como o estudo do Princípio de Ser. Princípio é definido como: "A verdade ou lei fundamental." Poderíamos dizer que, porque Deus é Tudo que Existe, Princípio é a inteligência de Deus em ação; Princípio é o processo criativo por meio do qual o pensamento torna-se coisas.

Como o Princípio opera? Por meio de cada um de nós, a Inteligência de Deus, como mente consciente, se move através de um campo de mente subconsciente (ou meio criativo), criando um resultado (ou efeito). Sabendo que todos nós existimos na Mente de Deus, cada um de nós individualiza este Princípio, cada vez que pensamos e sentimos. Como entendemos o propósito e a função do princípio, podemos então optar por permitir mudanças positivas em nossas vidas. O Princípio nunca está vinculado pelo precedente.

[ver Lei]

PUNIÇÃO

Será que Deus nos castiga quando "quebramos as regras"?

Temos absoluto domínio sobre nossas próprias vidas e a possibilidade de escolher o nosso próprio curso de ação. Em outras palavras, a nós foi dado o livre arbítrio para criar nossa própria experiência. Se escolhermos pensar ou agir de uma maneira que não é uma afirmação da vida para o bem de todos, vamos experimentar conseqüências negativas como resultado da Lei Universal de Causa e Efeito. Uma vez que Deus não julga, não existe nada como a punição, existem apenas consequências.

[ver Causa e Efeito, Carma e Pecado]

REALIDADE

O que é a realidade?

Vivemos num mundo que acredita que se alguma coisa parece, soa ou cheira à realidade, ela deve ser real. Em essência, porém, é na verdade a nossa irrealidade. A "realidade" final é a verdade absoluta, que por trás de toda forma é a energia sem forma, a essência e inteligência de Deus.

A física quântica nos diz que tudo no mundo material é energia vibrando em uma freqüência específica e é mantida no lugar por essa vibração. Portanto, a realidade aparente (o que vemos, tocamos e cheiramos) é apenas isso - ela parece ser uma coisa e está sempre sujeita a mudanças conforme a vibração muda.

A realidade definitiva, no entanto, é a essência pura sem forma do Divino. É a perfeição imutável, portanto, o Ser Real é a perfeição porque Deus não pode conhecer algo diferente de si mesmo. O espírito de Deus dentro de nós e ao nosso redor é a única realidade verdadeira. Conforme começamos a entrar em contacto diário com este princípio perfeito, então podemos demonstrá-lo em nossas vidas diárias. Perfeito Deus, perfeito Homem, Ser Perfeito - esta é a Verdade Absoluta.

[ver Absoluto e Relativo]

REALIZAÇÃO

O que é realização?

Realização é uma impressão de Realidade na mente. A realização pode ser experimentada como um divino "Ah-ha!". É uma consciência da presença de Deus, infundida em nós e em torno de nós em tudo o que estamos dizendo ou fazendo. Conforme conscientemente praticamos a consciência da presença de Deus como nossa realidade, ela se torna então mais plenamente realizada e, desse modo, manifestada em nossas vidas diárias.

[ver Realidade]

REENCARNAÇÃO

Acreditamos em reencarnação?

Em A Ciência da Mente, *Dr. Ernest Holmes afirma, "A espiral da vida é para cima. A evolução nos leva para frente, não para trás. A expansão eterna e progressiva é lei e não há quebra na continuidade... Eu posso acreditar em planos além deste um sem número, em progresso eterno. Eu não posso acreditar que a natureza seja limitada a uma só esfera de ação."*

A vida é um eterno fluir, e somos rios de consciência dentro desse fluxo, sempre se desdobrando [ver Eterno e Destino]. A questão de reencarnação é sem sentido quando aceitamos o fato de que em algum nível, nós sempre fomos e sempre seremos. Viver no momento presente é o que importa agora.

RELATIVO

O que queremos dizer com a palavra Relativo?

Relativo é aquilo que depende de algo mais para sua existência. Na Ciência da Mente, o relativo é algo que podemos relacionar com experiência ou com os cinco sentidos de visão, audição, tato, paladar e olfato. Enquanto o mundo relativo pode aparecer como condições separadas do Todo, ele não é. Deus é tudo o que existe. [ver Realidade, Absoluto, e Universo]

No início, havia somente Deus, com o desejo de ser expressado mais plenamente . Para fazer isso, Deus criou a forma que rodeia a essência do Ser, assim como roupas sobre o corpo. Assim, o relativo. O Relativo é realmente um outro termo para o Corpo de Deus. Deus é Absoluto e Relativo!

RESSURREIÇÃO

Como o princípio da ressurreição se aplica a mim pessoalmente?

Por um lado, a ressurreição pode ser encarada como uma metáfora que ilustra o fato de que não há tal coisa como a morte, apenas um contínuo sagrado da vida eterna, que nunca é limitada a uma dimensão ou forma. Esta é a mensagem vista na ressurreição de Jesus. [ver Morte e Imortalidade]

Em outro nível, podemos ver que a presença de Deus é um Princípio de sustentação da vida que está sempre presente dentro de nós, renovando a nossa vitalidade e força da vida no nosso dia-a-dia. Quando nós "lembramo-nos de lembrar" essa verdade, estamos literalmente ressuscitados a cada dia para uma vida nova em nossa unidade com Deus. Em tempos desafiadores pode ser importante manter isso em mente. Como Paulo nos lembra em Romanos 12:2 - "Sede transformados pela renovação da vossa mente".

SER

Ser é usado como substantivo ou verbo?

Na Ciência da Mente, *Ernest Holmes declara que "Quando escrito com maiúscula, Ser refere-se ao Divino Ser, Deus. Só existe uma Fonte de ser – Deus – e estamos conectados com Ele em todos os tempos".*

A prática para nós é levar o nosso Divino Ser ao nosso "fazer" diário. Incorporando o conhecimento de nossa unidade com Deus às atividades de nossa vida diária, Ser/ser é tanto um substantivo, quanto um verbo.

Como Explicar a Ciência da Mente

TRATAMENTO

O que é um Tratamento e como ele me afeta?

Na Ciência da Mente, um "Tratamento" (também conhecido como um Tratamento Espiritual da Mente) é simplesmente uma oração afirmativa declarada de uma maneira sistemática (ou fórmula). Ele geralmente tem cinco etapas que guiam você ou a pessoa realizando o tratamento através de um fluxo lógico de declarações que reenforçam nossa unidade com Deus

[Ver Oração]

Um exemplo de um Tratamento simplificado pode ser:

1. *Eu sei que Deus é Tudo o que existe.*
2. *Eu sei que Eu sou um com Deus, em Espírito, Corpo e Mente.*
3. *Eu sei que o bem que eu procuro já existe na mente de Deus.*
4. *Sabendo que Eu sou um com Deus e que o presente já foi dado, Eu reivindico e aceito o meu bem, dando enormes graças por ele.*
5. *Eu agora libero esta oração para o Universo, sabendo que já está feito, como eu creio. Eu libero e entrego a Deus. E assim seja. Amém.*

Um Tratamento Espiritual da Mente não causa nenhuma condição física inicialmente. No entanto, ele muda a consciência daquele que está sendo tratado. Porque todos existimos na mente única de Deus, o que é conhecido como a verdade na consciência do que está aplicando o tratamento eleva a conscientização da experiência no que está sendo tratado.

[ver Praticante]

UNIVERSO

O que é o Universo?

O Universo é o corpo de Deus. O Universo é aquilo que foi criado a fim de expressar mais plenamente o melhor e mais alto bem. [ver Relativo]

Os cientistas nos dizem que o Universo está continuamente expandindo-se. Este é o divino impulso criativo de Deus para crescer. Este mesmo divino impulso criativo permeia todas as células do nosso corpo. É esse impulso que faz-nos crescer e ser mais do que fomos ontem. Nossos corpos são simplesmente mini-universos, o microcosmo dentro do Macrocosmo.

[ver Macrocosmo e Microcosmo]

VERDADE

O que é a Verdade?

Na Ciência da Mente, Ernest Holmes declara, "A Verdade é a Razão, a Causa e o Poder dentro e através de tudo. É Inata, Imortal, Imutável, Completa, Perfeita, Inteira, Auto-Existente, Sem Motivo, Onipotente, Deus, Espírito, Lei, Mente, Inteligência, qualquer coisa e tudo que implica a Realidade."

Quando o mestre Jesus disse: "Conhecereis a verdade e a verdade vos libertará," ele quiz dizer a verdade sobre si mesmo. A partir dessa verdade, você será livre e capaz de dirigir sua própria vida de um modo maravilhoso, criativo, significativo, simplesmente por entender que todo o seu pensamento é uma expressão criativa da verdade.

Lembre-se, Deus é tudo o que existe. "Deus em você, como você, é você."

Saiba esta verdade e você está livre para expressar seu Eu verdadeiro!

VISIONAMENTO

O que é Visionamento[1] e como é diferente de visualização?

O Processo de Visionamento de Vida originado pelo Rev. Dr. Michael Bernard Beckwith é uma prática espiritual desenvolvida para ativar a habilidade intuitiva inerente a cada um. É baseado no princípio de que a Inteligência Divina está presente em todos os lugares [ver Onipresença] *e busca expressar-se por meios de nós. Visionar pode ser aplicado à todos os aspectos de vida, incluindo aventuras criativas, a simples resolução de problemas ou o desvendar do próximo passo na evolução de cada um. É um processo que pode ser feito em grupos de pessoas buscando encontrar uma resposta de interesse comum ou o processo pode ser usado por um indivíduo.*

As etapas básicas incluem a centralização interna até chegar a um silêncio interior, seguido de uma indagação como: "O que está buscando emergir através de mim?"; "O que eu devo liberar para manifestar esta visão?"; "Que talentos, dons e capacidades eu já possuo que podem servir para a essa visão?" Depois de fazer cada pergunta, o(s) indivíduo(s) permanecem em silêncio meditativo para receber orientação do Eu Superior. Uma sessão para visionar termina com gratidão pelo que foi revelado.

---

[1] *Nota da Tradutora: O termo Visionamento e o verbo Visionar (entever como numa visão) são usados em português para diferenciar de Visualização e Visualizar (tornar visual).*

VISIONAMENTO

Uma chave importante é entender que o Visionamento emprega a intuição de cada um, enquanto que a visualização emprega a imaginação. Visionando primeiro e captando intuitivamente uma visão é possível, então, estabelecer a intenção e as metas para a sua realização nas estruturas da vida.

[ver Intuição]

Dennis Merritt Jones, DD

RESUMO

O ensino da Ciência da Mente tem um único propósito primordial: ajudar as pessoas que desejam e estão dispostas a fazer o trabalho necessário, para curar a sua vida de todo e qualquer discórdia, medo, superstição, culpa e sensação de falta. A Totalidade é uma Realidade e pode ser encontrada no centro de quem e o que somos agora. No processo de criar uma vida melhor para nós acrescentamos algo de grande significado e valor para o mundo.

A intenção da Ciência da Mente, não é instruir as pessoas dispostas, no que pensar, mas sim em como pensar. A melhor forma de aprender a pensar é através da compreensão de que vivemos em um Universo Espiritual que opera com propósito, respondendo aos nossos pensamentos, sentimentos e crenças mais profundas.

É você e somente você que acaba por criando a sua experiência. Embora esta verdade pode às vezes ser difícil de aceitar, é também a Verdade que liberta.

RESUMO

Quando aprendemos a assumir responsabilidade por nosso pensamento, veremos nossas vidas transformadas de modos incríveis e maravilhosos. Podemos então começar a viver, movimentar'nos e manifestar a nossa verdadeira natureza com uma consciência maior de que Deus é Tudo o que existe. Ao honrarmos a Presença de Deus em todas as pessoas e lugares (inclusive nós mesmos, onde quer que estejamos) o Pricípio Divino da Vida automaticamente nos honra.

Na conclusão do compêndio A Ciência da Mente, Dr. Ernest Holmes resumiu isso muito bem quando escreveu: "A prática da Verdade é pessoal para cada um e, a longo prazo, ninguém pode viver a nossa vida para nós. A cada um é dado o que ele precisa e os presentes do céu vêm igualmente para todos. Como vamos usar esses dons é tudo o que importa! "

Em outras palavras, há um Poder para o bem no Universo, maior do que você e você pode usá-lo agora. Este é o presente de Deus para você – e o que você decidir fazer com ele é o seu presente para Deus!

DECLARAÇÕES E PRINCÍPIOS

CREMOS em Deus, o Espírito Vivo Todo-Poderoso, único, indestrutível, Causa absoluta e auto-existente. Este Um manifesta-Se através de toda criação mas não é absorvido por Sua criação. O universo manifesto é o corpo de Deus. É o resultado lógico e necessário do auto-conhecimento infinito de Deus.

CREMOS na individualização do Espírito em Nós e que todas as pessoas são individualizações de Um Espírito.

CREMOS na eternidade, imortalidade e continuidade da alma individual, expandindo-se para todo o sempre.

CREMOS que o Céu está dentro de nós e que nós O experimentamos à medida em que nos tornamos conscientes d'Ele.

CREMOS que o objetivo final da vida seja uma libertação total de toda discórdia de qualquer natureza e que este objetivo será com certeza atingido por todos.

CREMOS na unidade de toda a vida e que o Deus mais elevado e o Deus mais interior é um único Deus. CREMOS que Deus é pessoal a todos os que sentem essa presença interior.

DECLARAÇÕES E PRINCÍPIOS

CREMOS na revelação direta da Verdade através da natureza intuitiva e espiritual e que qualquer um que viva em contato íntimo com o Deus Interno pode tornar-se um revelador da Verdade.

CREMOS que o Espírito Universal, que é Deus, opera através de uma Mente Universal, que é a Lei de Deus e que estamos cercados por esta Mente Criativa que recebe a impressão direta de nossos pensamentos e age de acordo com eles.

CREMOS na cura do doente através desta Mente.

NÓS CREMOS no controle de condições através do poder desta Mente.

CREMOS na Bondade eterna, na Benignidade Amorosa eterna e no eterno Prover da Vida para todos.

CREMOS em nossa própria alma, nosso próprio espírito e nosso próprio destino pois nós compreendemos que a vida toda é Deus.

- Ernest Holmes

Dennis Merritt Jones, DD

SOBRE O AUTOR

Tendo sido uma força motivadora no Novo Pensamento por mais de vinte e cinco anos, Dennis Merritt Jones, D.D., tem sido freqüentemente chamado de "um professor de professores". Ao longo de toda a sua vida, Dennis esteve numa missão para inspirar e levantar as pessoas para uma expressão mais elevada de vida. Sua visão pessoal é guiar as pessoas para seu objetivo, sabendo que quando as pessoas despertam plenamente para quem elas são e porque estão no planeta, elas começam a compartilhar seu dom com a humanidade e durante o processo elas criam uma vida enriquecida para elas própias e para o mundo em torno delas.

Dennis também é o autor de um livro premiado, A Arte de Ser ~ 101 Maneiras de Praticar O Propósito em Sua Vida, *que pode ser encomendado através da DeVorss Publications. Dennis acredita que cada um de nós tem a capacidade e, em última instância, a responsabilidade de contribuir algo de positivo para este mundo, deixando-o um lugar melhor do que era quando chegamos. Seus ensinamentos promovem uma perspectiva de vida contemporânea, afirmativa, espiritualmente lógica, que está refletida em seus escritos.*

SOBRE O AUTOR

Dennis acredita que existe uma nova consciência de unidade, cooperação e reverência emergindo na humanidade, onde o valor de toda vida é considerado sagrado. Ele acredita que essa consciência de unidade, cooperação e reverência pela vida e o planeta será uma das influências mais significativas na sociedade conforme nos aproximamos dos desafios de vida no século XXI.

Dennis foi o fundador e diretor espiritual do Centro Internacional de Vida Espiritual em Simi Valley, CA. Ele se aposentou do púlpito em 2008, após vinte e três anos levando sua mensagem para o mundo através de seus livros, jornadas sagradas, mentoria espiritual, palestras e seminários. Para maiores informações favor visitar www.DennisMerrittJones.com.

PRÓLOGO

O objetivo da Ciência da Mente é curar nossas vidas de toda e qualquer discórdia, medo, superstição, culpa e sentimento de necessidade. A plenitude é uma Realidade e pode ser encontrada no centro de quem somos e o que somos agora. A Ciência da Mente oferece métodos práticos e definitivos para criar mudanças de vida positivas. Entre seus benefícios se encontra a ciência da oração de cura positiva, chamada de Tratamento Espiritual da Mente. Como Explicar a Ciência da Mente *é um guia útil aos conceitos e terminologia deste sistema espiritual prático e dinâmico. Perguntas mais freqüentes são respondidas com definições simples de palavras-chave e frases. Este livro conciso lhe oferece os elementos básicos da filosofia da Ciência da Mente. Queira você escolha praticar em casa ou numa das inúmeras igrejas de Ciência Religiosa e Ciência da Mente, ou Centros de Vida Espiritual, você entenderá logo a maravilha espiritual da Ciência da Mente.*

Dr. Dennis Merritt Jones nos prestou um serviço maravilhoso em Como Explicar a Ciência da Mente. Cada página afasta mal-entendidos e confusões e ilumina a verdade alegre de nosso ensinamento e sua prática. Eu amo este livro!

Rev. Dr. Kathy Hearn, Ex- Líder Espiritual Comunitária, Centros Unidos de Vida Espiritual.

didn't God know whether the events taking place in these cities were true or not? And, if God did know, why did there have to be a double check? Isn't God omniscient and omnipresent?" These are just a few of the questions that intelligent people have posed to me about what they read in the Bible.

I usually tell my listeners right at the very beginning of my biblical talks that the Bible wasn't written *to* us. This is not to say that it wasn't written *for* us. The prepositions '**to**' and '**for**' make the difference in meaning and intention.

In his book *The Syrian Christ,* Dr. Abraham M. Rihbany mentions that for Westerners to truly understand these ancient stories we need *"to enter sympathetically and intelligently into the atmosphere in which the books of the Scriptures first took form; to have real intellectual, as well as spiritual, fellowship with those Orientals [Near Easterners] who sought earnestly in their own way*

INTRODUCTION

To understand what really happened in the infamous cities of Sodom and Gomorrah, one needs to see it from its ancient Near Eastern cultural background and biblical story telling. At most of my lectures throughout the United States for the past 46 years, I have been asked if I could shed some light on this episode, recorded in Genesis 18:16-33 and 19:1-29. For example, did God really have to go to the cities of the plain to check things out?

Scripture clearly has God saying: *"because the cry of Sodom and Gomorrah is great, and because their sin is very grievous; I will go down now and see whether they have done altogether, according to the cry of it, which is come unto me; and if not, I will know."*[1]

The questions usually asked of me are: *"Why*

---

[1]Gen. 18:20-21, K. J. V.

1

CONTENTS

To

Mrs. Donalyn Kling

My deepest and most sincere appreciation

for your generous help and interest in the

Aramaic work and for making the

publication of this book possible.

First Printing July 2015

ISBN: 978-0-9760080-9-5

SODOM

AND

GOMORRAH

What Really Happened

An Ancient Near Eastern Aramaic
Interpretation and Perspective

Rocco A. Errico

The Noohra Foundation, Inc
Smyrna, Georgia

Books in print by Rocco A. Errico
Setting A Trap for God: The Aramaic Prayer of Jesus
Let There Be Light: The Seven Keys
And There Was Light
The Mysteries of Creation: The Genesis Story
The Message of Matthew: An Annotated Parallel Aramaic-English Gospel of Matthew
Classical Aramaic – Book 1
Sodom and Gomorrah: What Really Happened

German publications
Das Aramaische Vaterunser
Es Werde Licht

Italian publication
Otto accordi con Dio: il Padre Nostro originario

Books in print by Rocco A. Errico and George M. Lamsa
Aramaic New Testament Series: Volumes 1 – 7
Aramaic Light on the Gospel of Matthew
Aramaic Light on the Gospels of Mark and Luke
Aramaic Light on the Gospel of John
Aramaic Light on the Acts of the Apostles
Aramaic Light on Romans through 2 Corinthians
Aramaic Light on Galatians through Hebrews
Aramaic Light on James through Revelation
Aramaic Old Testament Series: Volumes 1 – 6
Aramaic Light on Genesis
Aramaic Light on Exodus through Deuteronomy
Aramaic Light on Joshua through 2 Chronicles
Aramaic Light on Ezra through Song of Solomon
Aramaic Light on Isaiah, Jeremiah & Lamentations
Aramaic Light on Ezekiel, Daniel & the Minor Prophets

SODOM

AND

GOMORRAH

What Really Happened